Wahrheit oder Pflicht für Mädchen

Das lustigste Partyspiel für Mädchen zwischen 10 - 15 Jahren.

EINLEITUNG:

Ihr plant gerade eine Geburtstags-Party oder ein Treffen mit Freundinnen? Dann ist dieses Spiele-Buch „Wahrheit oder Pflicht“ genau richtig, um euch in Schwung zu bringen und gute Laune zu verbreiten. Es beinhaltet insgesamt 434 Fragen und Pflichten, die für Mädchen, im Alter von 10 bis 15 Jahren, besonders interessant und spannend sind. Lasst euch überraschen, erfahrt Geheimnisse voneinander, die sonst kein Mädchen gerne verrät und lernt eure verborgenen Talente und die eurer Freundinnen oder Klassenkameradinnen kennen. Es können beliebig viele Mädchen mitspielen.

Spaß, Freude und beste Laune kommen dabei ganz von selber auf, ebenso wie lachen, bis ihr euch den Bauch halten müsst. Nur herumsitzen und quatschen ist out – Spannung und Action ist angesagt. Bei jedem Spiel erfahrt ihr Neues und Interessantes über euch und betrachtet vieles danach mit anderen Augen.

Verschenken könnt ihr das Spiele-Buch „Wahrheit oder Pflicht“ natürlich auch, aber probiert es am besten erst einmal selber aus, damit ihr die ersten seid, die mit einer spektakulären Party oder einem coolen Freundinnen-Treffen punkten könnt. Es wird ein Ereignis sein, über das ihr noch lange reden werdet und das unvergesslich bleibt.

SPIELREGELN:

Wahrheit oder Pflicht, wofür entscheidet ihr euch? Darum geht es in diesem Spiel für Mädchen von 10 bis 15 Jahren, das ihr drinnen und draußen gleichermaßen gut spielen könnt. Gute Laune, mit viel Spaß und Spannung, ist also garantiert bei jedem Wetter und zu jeder Jahreszeit gesichert.

Die Spielregeln könnt ihr wie folgt übernehmen oder euch selber welche ausdenken, benutzt gerne eure Kreativität:

- Besorgt eine Glasflasche und setzt euch in einem Kreis, um die Flasche herum, auf den Boden oder an einen Tisch. Von einer Plastikflasche ist abzuraten, da sie zu leicht ist und sich nicht ideal dreht. Ihr könnt es höchstens mit einer gefüllten Kunststoffflasche versuchen.

- Dann geht es los mit der ersten Runde und jede Mitspielerin dreht, der Reihe nach, im Uhrzeigersinn, einmal die Flasche.

- Nach jedem Drehen zeigt der Flaschenkopf auf eine Mitspielerin und es wird jeweils eine, der im Buch aufgeführten 217 Nummern ausgewählt. Zu jeder Nummer gehören jeweils eine Frage und eine Pflicht.

- Wer gerade dran ist, kann entweder selbst eine Nummer bestimmen oder es einer Mitspielerin überlassen.

-Bevor die Frage oder die Pflicht vorgelesen wird, muss sich die Mitspielerin für eine der beiden Varianten, Frage oder Pflicht, entscheiden.

Alternativ kann die Auswahl der Nummern auch anders erfolgen. Hier ist erneut eure Kreativität gefragt:

Beispiel:

- Eine Nummer von 1 bis 217 kann auch ausgelost werden, ebenso wie die Entscheidung, ob eine Frage oder eine Pflicht erfüllt werden soll.

- Dafür werden kleine Zettelchen mit den Nummern 1 bis 217 in ein Gefäß gelegt und wer dran ist, zieht eine Zahl.

-Das Gleiche wird mit zwei Zettelchen, beschrieben mit „Frage“ und „Pflicht“, durchgeführt, sodass nicht selbst ausgewählt werden kann, ob die Frage beantwortet oder die Pflicht erfüllt werden muss.

ACHTUNG:

Achtet bitte immer darauf, dass sich alle Mitspielerinnen wohlfühlen und keine zu etwas gezwungen wird oder sich genötigt sieht. Es besteht jederzeit die Möglichkeit, eine Ersatz-Frage oder Pflicht auszulosen oder zu bestimmen. Schließlich sollen alle Mitspielerinnen Freude an dem Spiel haben und es soll ein Vergnügen bleiben.

Und nun ganz viel Freude zusammen beim ausgiebigen Lachen und bei spannenden Fragen, Antworten, Erlebnissen und Erfahrungen! Das lustige Spiele-Buch ist auch für Klassenfahrten oder andere Gruppenreisen hervorragend geeignet und sorgt immer für gute Stimmung und besseres Kennenlernen mit mega viel Spaß.

Oder

MIT WELCHEM TIER WÜRDEST DU DEINEN VATER VERGLEICHEN?

SINGE DIE ERSTEN DREI ZEILEN DEINES LIEBLINGSSONGS.

Oder

MIT WELCHEM TIER WÜRDEST DU DEINE MUTTER VERGLEICHEN?

SINGE EIN KINDERLIED, DAS DEINE MUTTER DIR OFT ALS BABY VORGESUNGEN HAT.

SCHLÄFT DEIN KUSCHELTIER, DAS DU ALS BABY HATTEST, NOCH BEI DIR IM BETT?

Oder

NEHME DEIN LIEBLINGS-KUSCHELTIER AM NÄCHSTEN SCHULTAG MIT IN DIE SCHULE UND PLATZIERE ES WÄHREND DER ERSTEN STUNDE AUF DEINER SCHULBANK.

HAST DU SCHON EINMAL EINEN JUNGEN AUF DEN MUND GEKÜSST?

Oder

ESSE EINEN TEELÖFFEL SENF

Oder

HAST DU DEINE BESTE FREUNDIN SCHON EINMAL AUF DEN MUND GEKÜSST?

KÜSSE DEINE BESTE FREUNDIN AUF DEN MUND.

Oder

WER IST DEIN LIEBLINGSLEHRE R UND BIST DU IN IHN VERLIEBT?

SCHREIBE DREI EIGENSCHAFTEN AUF, DIE DU AN DEINEM LIEBLINGSLEHRER TOLL FINDEST.

Oder

HAST DU DEINE MUTTER SCHON EINMAL BELOGEN UND WOMIT?

GESTEHE DEINER MUTTER, DASS DU SIE BELOGEN HAST UND WOMIT.

Oder

HAST DU DEINEN VATER SCHON EINMAL BELOGEN UND WOMIT?

GESTEHE DEINEM VATER, DASS DU IHN BELOGEN HAST UND WOMIT.

HAST DU SCHON EINMAL VON EINEM JUNGEN GETRÄUMT, DEN DU SEHR GERNE MAGST?

Oder

SCHREIBE DEINEM LIEBLINGSMITSCH ÜLER EINEN KLEINEN ZETTEL, AUF DEM STEHT, DASS DU IHN MAGST.

HAST DU SCHON EINMAL BEI EINER KLASSENARBEIT GEMOGELT UND WIE?

Oder

LEGE VOR EINER SCHULSTUNDE DIE FEDERTASCHE DEINES NACHBARN UNBEMERKT AUF DAS LEHRERPULT.

HAST DU SCHON EINMAL BEI EINER KLASSENARBEIT VON EINEM MITSCHÜLER/EINER MITSCHÜLERIN ABGESCHRIEBEN UND VON WEM?

Oder

DEIN ZIMMER MUSS DIE GANZE NÄCHSTE WOCHE LANG AUFGERÄUMT SEIN. HOLE DIR VON DEINER MUTTER EINE BESTÄTIGUNG UND ZEIGE SIE DEINER FREUNDIN.

HAST DU DEINE BESTE FREUNDIN SCHON EINMAL ANGELOGEN UND WOMIT?

Oder

SAGE EINEM JUNGEN AUS DEINER KLASSE IM BEISEIN DEINER FREUNDIN, DASS DU IHN MAGST.

WAS WÜRDEST DU DIR WÜNSCHEN, WENN DU ZAUBERN KÖNNTEST?

Oder

SCHREIBE EINEN WUNSCH, DER SICH ERFÜLLEN SOLL AUF EINEN ZETTEL UND BEOBACHTE, OB ER SICH INNERHALB EINES JAHRES ERFÜLLT.

GIBT ES EINEN WUNSCH, DER DIR BISHER VON DEINEN ELTERN NOCH NICHT ERFÜLLT WURDE UND WELCHER?

Oder

DEINE ELTERN HABEN EINMAL BADEZIMMER PUTZEN BEI DIR GUT. SCHREIBE EINEN GUTSCHEIN UND ÜBERREICHT IHN IM BEISEIN DEINER FREUNDIN, DEINER MUTTER ODER DEINEM VATER.

GIBT ES EINEN WUNSCH, DER DIR BISHER VON DEINER BESTEN FREUNDIN NOCH NICHT ERFÜLLT WURDE UND WELCHER?

Oder

SCHREIBE AUF EINEN ZETTEL, IN WELCHEN JUNGEN DU VERLIEBT BIST UND ZEIGE IHN DEINER MUTTER.

WER IST DEIN LIEBLINGSSCHAUSPIELER ODER SÄNGER UND WAS MÖCHTEST DU GERNE MIT IHM ERLEBEN?

Oder

ERZÄHLE EINEN SCHLIMMEN ALBTRAUM, DEN DU GEHABT HAST.

WANN UND WO HAST DU DAS ERSTE MAL EINEN JUNGEN ODER EIN MÄDCHEN GEKÜSST UND WEN?

Oder

SPRINGE ZEHNMAL AUF UND AB UND SINGE DABEI EIN LIED.

WELCHE DREI EIGENSCHAFTEN MAGST DU AN DEINER MUTTER BESONDERS GERNE?

Oder

LASS DIR VON EINER ANWESENDEN PERSON EIN FREMDWORT SAGEN, DAS DU NICHT KENNST. GOOGLE DIE BEDEUTUNG.

WELCHE DREI EIGENSCHAFTEN MAGST DU AN DEINEM VATER BESONDERS GERNE?

Oder

FRAGE EINE ANWESENDE PERSON, WELCHE DREI EIGENSCHAFTE N SIE AN DIR BESONDERS MAG.

WAS HAST DU DEINER MUTTER VERSPROCHEN?

Oder

MACHE DEINER MUTTER EIN KLEINES GESCHENK UND SAGE IHR, DASS DU SIE LIEB HAST.

Oder

HAST DU SCHON EINMAL JEMANDEM GESAGT, DASS DU IHN/SIE MAGST, OBWOHL DAS NICHT DIE WAHRHEIT WAR?

SPRINGE EINE MINUTE WILD HERUM UND SCHNEIDE KOMISCHE GRIMASSEN.

Oder

HAST DU SCHON EINMAL ETWAS GETAN, WAS DIR HEUTE NOCH PEINLICH IST?

SCHAUE DER PERSON, DIE DIR GERADE AM NÄCHSTEN IST, 30 SEKUNDEN LANG IN DIE AUGEN.

HAST DU SCHON EINMAL EINEN URLAUB ERLEBT, DEN DU LIEBER ABGEBROCHEN HÄTTEST?

Oder

STELLE EINEN GUTSCHEIN AUS FÜR 1X BRÖTCHEN HOLEN IM NÄCHSTEN URLAUB UND SCHENKE IHN DEINER MUTTER.

NEBEN WEM SITZT DU AM LIEBSTEN IN DER SCHULE?

Oder

FANGE DIE NÄCHSTE SPINNE, DIE DIR IN DER WOHNUNG BEGEGNET, MIT EINEM GLAS UND LASSE SIE DRAUßEN FREI.

Oder

WANN BIST DU DAS ERSTE MAL GESCHMINKT ZUR SCHULE GEGANGEN?

UMARME JEDE MITSPIELERIN EINMAL.

Oder

WO WÜRDEST DU GERNE LEBEN, WENN DU DIE WAHL HÄTTEST?

ZEICHNE EINE FIGUR MIT NUR EINER LINIE, DU DARFST DEN STIFT NICHT ABSETZEN.

WORÜBER STREITEST DU OFT MIT DEINER MUTTER?

Oder

HOLE DIR EINEN ESSLÖFFEL ÖL AUS DER KÜCHE UND SCHLUCKE IHN IM BEISEIN DER MITSPIELERINNEN

HAST DU SCHON EINMAL GEKLAUT?

Oder

LASSE UNBEMERKT ETWAS VON EINER MITSPIELERIN VERSCHWINDEN UND GIB ES IHR ERST ZURÜCK, WENN SIE ES BEMERKT.

Oder

WAS MÖCHTEST DU GERNE AUSPROBIEREN, TRAUST DICH ABER NICHT?

STEHE AUF EINEM BEIN UND IMITIERE EIN TIER, DAS DIE MITSPIELER ERRATEN MÜSSEN.

Oder

IN WELCHES TIER WÜRDEST DU DICH GERNE VERWANDELN?

NENNE MINDESTENS FÜNF SCHIMPFWÖRTER, DIE DU OFT BENUTZT.

WAS MACHST DU AM LIEBSTEN HEIMLICH?

Oder

FLÜSTERE EINER MITSPIELERIN ETWAS INS OHR, WORÜBER SIE HERZHAFT LACHEN MUSS.

WIE OFT HAST DU SCHON ÜBER DEINE BESTE FREUNDIN GELÄSTERT?

Oder

ERZÄHLE DEINER BESTEN FREUNDIN EIN GEHEIMNIS.

Oder

WÜRDEST DU IM MEER ODER IN EINEM SEE NACKT BADEN UND MIT WEM?

ZIEHE DIR DEINE SCHUHE AUS UND WATSCHLE EINE MINUTE WIE EINE ENTE.

Oder

WOVOR HAST DU AM MEISTEN ANGST?

MACHE EINER MITSPIELERIN DEINER WAHL ZEHN KOMPLIMENTE.

HAST DU SCHON EINMAL INS WASSER GEPINKELT, WENN DU AM MEER ODER IM SCHWIMMBAD WARST?

Oder

SAGE DER MITSPIELERIN, DIE DIR GEGENÜBER SITZT, WAS DU AN IHR NICHT MAGST.

HAST DU SCHON EINMAL MEHRERE TAGE NICHT GEDUSCHT?

Oder

ZIEHE DEINE STRÜMPFE AUS UND ZEIGE, OB DU GEPFLEGTE FÜßE HAST.

Oder

WONACH BIST DU BESONDERS SÜCHTIG?

HOLE DIR EIN GLAS WASSER UND TRINKE ES IN WENIGEN ZÜGEN AUS.

Oder

HAST DU SCHON ÜBER VERHÜTUNG NACHGEDACHT ODER VERHÜTEST DU SCHON?

HOLE DIR EINEN LIPPENSTIFT VON DEINER MUTTER UND BENUTZE IHN FÜR DEINE LIPPEN.

Oder

HAST DU SCHON EINMAL ÜBER DEINE ELTERN GELÄSTERT?

HOLE DIR EIN BUCH UND LESE EINE SEITE DEINER WAHL VOR.

Oder

BIST DU SCHON HEIMLICH MIT EINEM JUNGEN GEGANGEN?

MACHE EINE TURNÜBUNG VOR.

CHATTEST DU HEIMLICH IM INTERNET MIT UNBEKANNTEN?

Oder

TANZE WILD UMHER UND SINGE DABEI.

BIST DU MIT DEINEM AUSSEHEN ZUFRIEDEN?

Oder

ZÄHLE IN EINER FREMDSPRACHE VON 1 BIS 10.

WAS FINDEST DU AN DEINEM KÖRPER SCHÖN?

Oder

SAGE EIN GEDICHT AUF.

HAST DU SCHON HEIMLICH GERAUCHT?

Oder

MALE DIR EIN HERZ AUF DEINEN HANDRÜCKEN UND SCHREIBE DIE ANFANGSBUCHSTABEN DEINER GROßEN LIEBE HINEIN.

Oder

HAST DIR SCHON EINMAL JEMAND DROGEN ANGEBOTEN UND WAS?

MACHE DIR EINE FRISUR, DIE DU SONST NIEMALS TRAGEN WÜRDEST.

Oder

HAST DU DICH SCHON MAL HEIMLICH MIT EINEM JUNGEN GETROFFEN, IN DEN DU VERLIEBT WARST?

ERZÄHLE, WIE DU DIR DEN ERSTEN KUSS VORSTELLST ODER WIE ER WAR.

STALKST DU LEUTE IM INTERNET?

Oder

SCHREIBE DEN NAMEN DEINES LIEBLINGS-STARS AUF EINEN ZETTEL. DIE MITSPIELER RATEN, WER ES IST.

WIE OFT LÜGST DU IN EINER WOCHE?

Oder

SAGE ETWAS BELIEBIGES UND DIE MITSPIELERINNEN MÜSSEN RATEN, OB ES WAHR IST.

WAS FINDEST DU BESONDERS NERVIG AN DEINER MUTTER?

Oder

ERZÄHLE, WAS DU NACH DEINEM SCHULABSCHLUSS MACHEN MÖCHTEST.

WAS FINDEST DU BESONDERS NERVIG AN DEINEM VATER?

Oder

BERICHTE, WAS DU AM LIEBSTEN MACHST, WENN DU VON DER SCHULE NACHHAUSE KOMMST.

Oder

KAUST DU AN DEINEN FINGERNÄGELN UND WENN JA, WAS MACHST DU DAGEGEN?

MACHE EINE BEWEGUNG, DIE DEIN LIEBSTES HOBBY ZEIGT, BIS DIE MITSPIELERINNEN ES ERRATEN.

Oder

SCHNARCHST DU IN DER NACHT ODER REDEST IM SCHLAF?

SAGE JEDER MITSPIELERIN ETWAS NETTES.

HAST DU DEINE ELTERN SCHON BEIM SEX GESEHEN?

Oder

HOLE DIR LEBENSMITTELN AUS DER KÜCHE UND SCHMINKE DICH DAMIT.

WÜRDEST DU GERNE EIN JUNGE SEIN?

Oder

MISCHE SAND MIT WASSER UND SCHMIERE DIR DEN MATSCH AUF DIE WANGEN.

Oder

TRÄGST DU SCHON EINEN BH ODER WÜRDEST DU GERNE EINEN TRAGEN?

BRINGE DIE MITSPIELERIN DIR GEGENÜBER ZUM LACHEN.

Oder

WARST DU SCHON MAL IN DEN FREUND DEINER FREUNDIN VERLIEBT?

FÜHRE EINEN ZAUBERTRICK VOR.

Oder

WAS WÜRDEST DU ALS ERSTES TUN, WENN DU EIN JUNGE WÄRST?

TAUSCHE MIT DER MITSPIELERIN LINKS NEBEN DIR DIE OBERBEKLEIDUNG.

Oder

WAS WÜRDEST DU GERNE AN DEINER MUTTER ÄNDERN?

BEURTEILE, WELCHE DEINER MITSPIELERINNEN DAS TOLLSTE OUTFIT HAT.

WAS WÜRDEST DU GERNE AN DEINEM VATER ÄNDERN?

Oder

BEURTEILE, WELCHE DEINER MITSPIELERINNEN DAS HÄSSLICHSTE OUTFIT HAT.

WAS FINDEST DU BESONDERS NERVIG AN DEINER BESTEN FREUNDIN?

Oder

GIBT ES EINE PERSON, MIT DER DU DIE ZAHNBÜRSTE TEILEN WÜRDEST?

HAST DU SCHON EINMAL DARÜBER NACHGEDACHT, WARUM MENSCHEN TIERE ESSEN UND WIE FINDEST DU DAS?

Oder

GOOGLE IM INTERNET UND FINDE EINEN GRUND, WARUM MENSCHEN TIERE ESSEN?

BIST DU VON DEINEM HANDY ABHÄNGIG UND WARUM?

Oder

SCHALTE DEIN HANDY FÜR DIE NÄCHSTEN ZWEI STUNDEN AUS.

WANN HAST DU DAS LETZTE MAL EINEN TAG OHNE DEIN HANDY VERBRACHT UND WAS WAR DER GRUND?

Oder

KÜSSE DER GRÖßTEN MITSPIELERIN DIE FÜßE.

WELCHES IST DEIN LIEBLINGS-SCHIMPFWORT?

Oder

SETZE DICH BEI EINER MITSPIELERIN AUF DEN SCHOß UND SAG IHR, WIE DU SIE FINDEST.

Oder

GIBT ES EIN SCHIMPFWORT, DAS DU PEINLICH FINDEST?

ERZÄHLE DEINEN LETZTEN EROTISCHEN TRAUM.

Oder

GIBT ES EIN KÖRPERTEIL, DASS DU PEINLICH FINDEST?

WÜNSCHE DIR ETWAS VON DER KLEINSTEN MITSPIELERIN.

Oder

WEN MÖCHTEST DU LIEBER NICHT NACKT SEHEN?

NIMM EINE DER MITSPIELERINNE N HUCKEPACK UND LAUFE EINE MINUTE LANG HIN UND HER.

Oder

GIBT ES ETWAS, WAS DIR PEINLICH IST AN DEINEM VERHALTEN?

SPRICH DIE NÄCHSTEN ZWEI RUNDEN WIE EIN ROBOTER.

WAS WÜRDEST DU NIE ESSEN, WEIL DU ES ABSOLUT EKLIG FINDEST?

Oder

REDE DIE NÄCHSTE HALBE STUNDE NUR MIT VOLLEM MUND.

ZEIGST DU DICH VOR DEINEN ELTERN NACKT ODER IST ES DIR PEINLICH?

Oder

ZEIGE DEN MITSPIELERINNEN EINEN TANZSCHRITT UND ÜBT, BIS IHR SYNCHRON TANZEN KÖNNT.

ZEIGST DU DICH VOR DEINER BESTEN FREUNDIN NACKT?

Oder

SAGE DEINER BESTEN FREUNDIN, WIE SIE IHR AUSSEHEN VERBESSERN KANN.

WAS FINDEST DU AN DEINER BESTEN FREUNDIN BESONDERS SCHÖN?

Oder

DENKE DIR EINE GESCHICHTE AUS, MIT WEM UND WIE DU AUF EINER EINSAMEN INSEL LEBEN WÜRDEST.

Oder

WAS WAR BISHER DAS MUTIGSTE, WAS DU GEMACHT HAST?

BITTE EINE MITSPIELERIN, DIR EINE PFLICHT-AUFGABE ZU STELLEN.

Oder

MIT WELCHEM STAR WÜRDEST DU GERNE EIN MEET & GREET HABEN?

SCHREIBE DEN NAMEN DES JUNGEN, IN DEN DU VERLIEBT BIST, AUF EINEN ZETTEL UND KLEBE IHN AUF DEINE STIRN.

MIT WELCHEM STAR WÜRDEST DU GERNE FÜR EINEN TAG TAUSCHEN?

Oder

VERHALTE DICH DIE NÄCHSTEN DREI RUNDEN WIE EIN ARROGANTER STAR.

MÖCHTEST DU GERNE MAL FÜR EINEN TAG MIT DEINER BESTEN FREUNDIN TAUSCHEN?

Oder

LASS DIR EINEN KNUTSCHFLECK VON DEINER BESTEN FREUNDIN MACHEN.

MÖCHTEST DU LIEBER EINE ANDERE PERSON SEIN UND WARUM?

Oder

BEDIENE DEINE MITSPIELERINNEN IN DER NÄCHSTEN HALBEN STUNDE.

WÄRE ES FÜR DICH OK, WENN DEIN FREUND KLEINER IST ALS DU?

Oder

GIEßE DIR, NUR MITHILFE DEINER FÜßE, EIN GETRÄNK IN EIN GLAS.

HAST DU SCHON EINMAL IN DIE HOSE GEMACHT?

Oder

SCHICKE EINER MITSPIELERIN PER WHATSAPP EIN KOMPLIMENT.

WER HAT DIR ZULETZT EINEN PEINLICHEN WITZ ERZÄHLT?

Oder

ERZÄHLE DEN MITSPIELERINNEN EINEN PEINLICHEN WITZ.

Oder

WAS IST DIR IN DER ÖFFENTLICHKEIT PEINLICH?

BELEIDIGE DREI DEINER MITSPIELERINNEN.

Oder

HAST DU EINEN JUNGEN SCHON EINMAL IN DER ÖFFENTLICHK EIT AUF DEN MUND GEKÜSST?

TANZE EINE MINUTE VERFÜHRERISCH ZU EINEM LANGSAMEN SONG.

GIBT ES EINE WELT IN EINEM VIDEOSPIEL ODER FILM, IN DER DU GERNE LEBEN MÖCHTEST?

Oder

BESORGE DIR EIN PLÜSCHTIER UND LASSE ES, DIE NÄCHSTEN RUNDEN, MIT VERSTELLTER STIMME FÜR DICH SPRECHEN.

HAST DU JEMANDEN AUS DEINER FAMILIE SCHON MAL NACKT GESEHEN?

Oder

SAG DREIMAL HINTEREINANDER, SO SCHNELL WIE MÖGLICH, EINEN ZUNGENBRECHER.

Oder

WIE VIELE HANDY-NUMMERN VON JUNGEN SIND IN DEINEN KONTAKTEN GESPEICHERT?

SPIELE DREI RUNDEN LANG MIT EINEM TURBAN AUS TOILETTENPAPIER AUF DEM KOPF.

Oder

HAST DU SCHON EINMAL ETWAS GEGOOGELT, WAS DU PEINLICH FINDEST?

LAUFE EINMAL UM DIE MITSPIELERINNEN HERUM UND MECKERE WIE EINE ZIEGE.

WEN LÜGST DU OFT AN?

Oder

MASSIERE EINER MITSPIELERIN EINE MINUTE LANG DEN KOPF.

WIE VIELE DATES HATTEST DU SCHON MIT JUNGEN?

Oder

FRAGE DEINE BESTE FREUNDIN, OB SIE WEIß, MIT WIE VIELEN JUNGS DU SCHON EIN DATE HATTEST?

Oder

WIE OFT GEHST DU, OHNE ZÄHNE ZU PUTZEN, INS BETT?

TÄUSCHE DEN MITSPIELERINNEN VOR, DU HÄTTEST EINEN LACHKRAMPF.

Oder

HAST DU DIR SCHON EINMAL PORNOS ANGESEHEN UND WO?

WIE LAUTETE DIE PEINLICHSTE NACHRICHT, DIE DU JE VERSCHICKT ODER ERHALTEN HAST?

WIE NENNEN DICH DEINE ELTERN, HAST DU EINEN SPITZNAMEN?

Oder

LECKE EINEN GEGENSTAND AB.

WIE NENNEN DICH DEINE FREUNDE, HAST DU EINEN SPITZNAMEN?

SCHAUE IN EINEN SPIEGEL UND ERZÄHLE DIR ETWAS SPEKTAKULÄRES.

WIE VIEL ZEIT VERBRINGST DU TÄGLICH AUF DER TOILETTE?

Oder

ZIEHE JEDES MAL, BEVOR DU ETWAS SAGST, EINE GRIMASSE IN DER NÄCHSTEN HALBEN STUNDE.

WARST DU SCHON EINMAL IN JEMANDEN VERLIEBT, DER DICH ÜBERHAUPT NICHT BEACHTET HAT?

Oder

DU DARFST WÄHREND DER DREI NÄCHSTEN RUNDEN DES SPIELS NICHT DEN BUCHSTABEN „A" AUSSPRECHEN.

WIE SIEHT DEIN TRAUMMANN AUS?

Oder

EINE MITSPIELERIN SAGT EINEN LANGEN SATZ, DU WIEDERHOLST IHN, BEGINNST JEDOCH JEDES WORT MIT EINEM „B".

HAST DU SCHON EINMAL UNTER DER DUSCHE ODER IN DER BADEWANNE GEPINKELT?

Oder

VERBINDE DIR DIE AUGEN UND VERSUCHE EINE MITSPIELERIN AM GERUCH ZU ERKENNEN.

AN WEN HAST DU SCHON EINMAL EINEN LIEBESBRIEF GESCHRIEBEN?

Oder

TRINKE EIN SHOT-GLAS OLIVENÖL.

WAS BRINGT DICH ZUM WEINEN?

Oder

FÜHRE ETWAS VOR, DAS DU BESONDERS GUT KANNST.

Oder

WAS MACHT DICH BESONDERS TRAURIG?

SCHREIE EIN PAAR SEKUNDEN LANG SO LAUT WIE MÖGLICH.

Oder

MIT WEM TELEFONIERST DU AM MEISTEN UND AM LÄNGSTEN?

VERSUCHE DIE MITSPIELERINNEN MIT GÄHNEN ANZUSTECKEN.

WEN MAGST DU IN DEINER KLASSE ÜBERHAUPT NICHT UND WARUM?

Oder

MACHE DEN TARZAN-SCHREI NACH.

WELCHEN LEHRER MAGST DU ÜBERHAUPT NICHT?

Oder

NEHME EINEN STIFT ZWISCHEN DEINE ZEHEN UND SCHREIBE DEINEN NAMEN.

WELCHE LEHRERIN MAGST DU ÜBERHAUPT NICHT?

Oder

ZEIGE DEN MITSPIELERINNEN DEINEN BAUCH.

WELCHER LEHRER BEHANDELT DICH DEINER MEINUNG NACH UNFAIR?

Oder

DIE MITSPIELERIN DIR GEGENÜBER BESTIMMT, MIT WELCHER PERSON DU 10 MINUTEN HÄNDCHEN HÄLTST.

Oder

WELCHE LEHRERIN BEHANDELT DICH DEINER MEINUNG NACH UNFAIR?

DIE MITSPIELERIN RECHTS NEBEN DIR MISCHT EIN GETRÄNK, DAS DU TRINKEN MUSST.

Oder

IN WELCHEM SCHULFACH BIST DU BESONDERS SCHLECHT?

VERLANGE VON JEDER MITSPIELERIN EIN KLEIDUNGSSTÜC K UND ZIEHE ALLE AN.

HAST DU DICH IN DER SCHULE SCHON EINMAL DANEBEN BENOMMEN UND WOMIT?

Oder

ZIEHE DREI KLEIDUNGSSTÜCKE AUS.

HAST DU DICH SCHON EINMAL MIT EINEM MÄDCHEN GEPRÜGELT?

Oder

MISCHE FÜNF VERSCHIEDENE FLÜSSIGKEITEN IN EINEM GLAS UND TRINKE SIE.

Oder

HAST DU DICH SCHON EINMAL MIT EINEM JUNGEN GEPRÜGELT?

FINDE HERAUS, WELCHE DER MITSPIELERINNEN AM BESTEN RIECHT.

Oder

HAST DU DICH SCHON EINMAL ÄLTER GEMACHT ALS DU BIST ODER EIN FALSCHES ALTER GENANNT?

FÜHRE DAS VOR, WAS DU AM BESTEN KANNST.

WÜRDEST DU EINEN JUNGEN DATEN, DER VIEL ÄLTER IST ALS DU?

NIMM DEINEN GROßEN ZEH IN DEN MUND.

Oder

AUF WELCHE FREUNDIN BIST DU NEIDISCH?

TANZE OHNE MUSIK.

Oder

GIBT ES EINEN MENSCHEN, AUF DEN DU NEIDISCH BIST UND WARUM?

HEULE DREIMAL WIE EIN WOLF.

Oder

SCHAUST DU DICH NACH DEM DUSCHEN ODER BADEN NACKT IM SPIEGEL AN?

ISS EINE KNOBLAUCHZEHE.

HAST DU EIGENSCHAFTEN, DIE DU BESONDERS AN DIR LIEBST?

Oder

NENNE DREI GUTE EIGENSCHAFTEN, DIE DU HAST.

MIT WEM MÖCHTEST DU AM LIEBSTEN IN DEN URLAUB FAHREN UND WOHIN?

Oder

UMARME DREI DEINER MITSPIELERINNEN UND SAGE IHNEN ETWAS LIEBES.

BIST DU EIFERSÜCHTIG UND WIE ÄUßERT SICH DAS?

Oder

SAGE EINEN SATZ, DEN DU SCHIMPFST, WENN DU WÜTEND BIST.

WURDE EINE KLASSENARBEIT VON DIR SCHON EINMAL MIT EINER 6 ZENSIERT UND DU HAST ES GEHEIM GEHALTEN?

Oder

SPIELE EINE RUNDE „STILLE POST“ MIT DEN MITSPIELERINNEN.

WAS WOLLTEST DU DEINER BESTEN FREUNDIN SCHON IMMER EINMAL SAGEN?

Oder

LASSE DIR DIE AUGEN VERBINDEN UND VERSUCHE EINE MITSPIELERIN DURCH TASTEN ZU ERKENNEN.

HAST DU SCHON EINMAL SCHULE GESCHWÄNZT UND DEINE ELTERN WISSEN ES BIS HEUTE NICHT?

Oder

REDE DIE NÄCHSTEN ZEHN SÄTZE MIT VERSTELLTER STIMME.

BIST DU MIT DEINEN HAAREN ZUFRIEDEN ODER WÜRDEST DU GERNE ETWAS ÄNDERN?

Oder

SINGE ZUSAMMEN MIT EINER MITSPIELERIN DEN REFRAIN EINES BEKANNTEN SONGS.

WAS WOLLTEST DU DEINEM VATER SCHON IMMER EINMAL SAGEN UND HAST DICH BISHER NICHT GETRAUT?

Oder

SUCHE DIR EINE MITSPIELERIN AUS UND MACHE MIT IHR EINE TURNÜBUNG.

Oder

HAST DU SCHON EINMAL JEMANDEN VERPETZT?

EINE MITSPIELERIN DEINER WAHL DARF DIR EINE FRISUR MACHEN.

Oder

HAST DU EIN TRAUM-REISEZIEL?

ZIEHE DEINE STRÜMPFE AUS UND LAUFE DIE NÄCHSTEN 10 MINUTEN BARFUß.

Oder

BIST DU SCHON EINMAL HEIMLICH AUTO GEFAHREN?

EINE MITSPIELERIN DEINER WAHL DARF BESTIMMEN, WAS DU SOFORT ESSEN MUSST.

Oder

HAST DU EIN GEHEIMES VERSTECK IN DEINEM ZIMMER UND WO?

ZEIGE DEN MITSPIELERINNEN EIN GEHEIMVERSTECK IN DEINEM ZIMMER.

WAS WOLLTEST DU DEINER MUTTER SCHON IMMER EINMAL SAGEN UND HAST DICH BISHER NICHT GETRAUT?

Oder

TAUSCHE AM NÄCHSTEN SCHULTAG DEINEN PROVIANT MIT EINER MITSCHÜLERIN.

HAST DU SCHON EINMAL DARÜBER NACHGEDACHT, WAS DU NACH DEM SCHULABSCHLU SS MACHEN MÖCHTEST?

Oder

DU DARFST DIE TOILETTEN-TÜR NICHT ABSCHLIEßEN, WENN DU DAS NÄCHSTE MAL GEHST.

Oder

WANN HAST DU DEINEN ELTERN DAS LETZTE MAL BEI DER HAUSARBEIT GEHOLFEN?

DU MUSST EINE MINUTE LANG SEILSPRINGEN.

Oder

WAS MACHST DU MIT EINEM GESCHENK, MIT DEM DU NICHTS ANFANGEN KANNST?

WÄHLE EINE MITSPIELERIN AUS UND TANZE MIT IHR WALZER.

Oder

MACHST DU ANDEREN GERNE GESCHENKE ODER LÄSST DU DICH LIEBER BESCHENKEN?

SAGE DEINER BESTEN FREUNDIN, WAS DU NICHT AN IHR MAGST.

Oder

SCHREIBST DU ÖFTER HAUSAUFGABEN AB, WEIL DU KEINE LUST HAST, SIE ZU MACHEN?

SCHREIBE EINEN VIERZEILIGEN REIM UND LESE IHN VOR.

WÜRDEST DU WÄHREND EINER KLASSENARBEIT SCHON EINMAL BEIM SCHUMMELN ERWISCHT?

Oder

DIE MITSPIELERIN, DIE DIR GEGENÜBER SITZT, DARF EINE „PFLICHT“ BESTIMMEN.

HAST DU ZU EINEM JUNGEN SCHON EINMAL GESAGT: „ICH LIEBE DICH“?

Oder

RUFE EINEN JUNGEN AUS DEINEN HANDY-KONTAKTEN AN UND FRAGE IHN NACH EINER „PFLICHT“.

HAST DU ANGST, NACHTS ALLEINE IN DER WOHNUNG ODER IM HAUS ZU SEIN UND WARUM?

Oder

NENNE DREI DINGE AUF ENGLISCH, DIE DU DIR ZU DEINEM NÄCHSTEN GEBURTSTAG WÜNSCHT.

FÄHRST DU GERNE MIT DEINEN ELTERN IN DEN URLAUB ODER WÜRDEST DU LIEBER MIT EINER FREUNDIN FAHREN?

Oder

MASSIERE DER MITSPIELERIN LINKS NEBEN DIR EINE MINUTE LANG DIE FÜßE.

WAS SAGST DU DEINER MUTTER, WENN DU DICH MIT EINEM JUNGEN TREFFEN MÖCHTEST?

Oder

HOLE DIR EIN KLEID AUS DEM SCHRANK DEINER MUTTER UND ZIEHE ES AN.

WO WÜRDEST DU GERNE EINMAL DABEI SEIN, WENN DU UNSICHTBAR WÄRST?

Oder

DIE MITSPIELERINNEN DÜRFEN EINEN BLICK IN DEINEN KLEIDERSCHRANK WERFEN.

Oder

HAST DU DEINEN ELTERN ODER GESCHWISTERN SCHON EINMAL ETWAS VERSPROCHEN UND ES NICHT GEHALTEN?

ZEIGE DEN MITSPIELERINNEN DEINE LETZTE KLASSENARBEIT.

Oder

HAST DU FREUNDEN SCHON EINMAL ETWAS VERSPROCHEN UND ES NICHT GEHALTEN?

TANZE DREI MINUTEN LANG IM BALLETT-STIL VOR DEN MITSPIELERINNEN.

Bist du ehrlich, auch wenn es eine negative Auswirkung hat?

Oder

Laufe dreimal die nächstgelegene Treppe rauf und runter.

Wie oft hast du deine Großmutter schon angelogen?

Oder

Besorge dir ein Insekt und zeige es den Mitspielerinnen.

HAST DU SCHON EINMAL ETWAS KAPUTT GEMACHT, WAS DIR NICHT GEHÖRT UND ES VERHEIMLICHT?

Oder

NENNE EINE STRAẞE, DIE VON DER STRAẞE ABGEHT, IN DER DU WOHNST.

SAGST DU DEINER BESTEN FREUNDIN, WENN EIN KLEIDUNGSSTÜCK NICHT GUT AN IHR AUSSIEHT?

Oder

MACHE DREI MINUTEN LANG EINE GUMMI-TWIST-ÜBUNG.

KANNST DU EIN GEHEIMNIS FÜR DICH BEHALTEN, WENN MAN DICH DARUM BITTET?

Oder

SAGE DIE NÄCHSTEN DREI SÄTZE AUF ENGLISCH.

HAST DU SCHON EINMAL JEMANDEN FÜR ETWAS BESCHULDIGT, OBWOHL DU NICHT SICHER WARST, DASS ER/SIE ES GETAN HAT?

Oder

ENTLEERE DEINE HANDTASCHE AUF DEM TISCH.

HAST DU IN EINEM GESCHÄFT SCHON EINMAL ETWAS GEKLAUT, OHNE DASS ES BEMERKT WURDE?

Oder

ZEICHNE EINE MITSPIELERIN UND LASS DIE ANDEREN RATEN, WER GEMEINT IST.

WURDEST DU SCHON EINMAL BEIM KLAUEN ERWISCHT UND WO?

Oder

DEINE BESTE FREUNDIN DARF DICH SCHMINKEN.

VERGLEICHST DU DICH MIT ANDEREN MENSCHEN ODER WEIßT DU, DASS DU EINZIGARTIG BIST?

Oder

DIE MITSPIELERIN RECHTS NEBEN DIR DARF ETWAS AUF DEINEN HANDRÜCKEN MALEN.

MUSSTEST DU SCHON EINMAL DEINE HAARE SCHNEIDEN, OBWOHL DU ES NICHT WOLLTEST UND WARST UNGLÜCKLICH DARÜBER?

Oder

EINE MITSPIELERIN DARF DICH EINE MINUTE LANG KITZELN.

GEHST DU NACH DER SCHULE IMMER SOFORT NACH HAUSE?

Oder

STELLE DICH DIE NÄCHSTEN DREI MINUTEN IN EINE ECKE, WIE ES FRÜHER IN DER SCHULE ÜBLICH WAR.

WIE VIEL WÜRDEST DU VON EINEM GELDGEWINN ABGEBEN UND AN WEN?

Oder

ZEIGE DEN MITSPIELERINNE N DAS LETZTE FOTO DEINER HANDY-GALERIE.

HATTEST DU NACHTS SCHON EINMAL SOLCHE ANGST, DASS DU NICHT GESCHLAFEN HAST?

Oder

MACHE EINEN SPAGAT UND SINGE DABEI.

WÜNSCHST DU DIR EIN HAUSTIER UND WELCHES?

Oder

MACHE DREI MINUTEN LANG ALLE MÖGLICHEN GERÄUSCHE NACH.

HAST DU KLEIDUNGSSTÜCKE, DIE DU ABSOLUT HASST UND TROTZDEM ANZIEHEN MUSST?

Oder

MACHE DREI MINUTEN LANG TIERGERÄUSCHE NACH.

GIBT ES ETWAS, WOFÜR DU DICH SCHÄMST?

Oder

HÜPFE DREI MINUTEN LANG WIE EIN AFFE DURCH DIE GEGEND.

HAST DU SCHON EINMAL EIN TIER GETÖTET, AUßER INSEKTEN?

Oder

HOLE DIR EIN GLAS WASSER UND GURGEL EINEN SONG.

HAST DU SCHON EINMAL EIN TIER GEQUÄLT?

Oder

TAUSCHE DIE SCHUHE MIT DER MITSPIELERIN RECHTS VON DIR.

HAST DU SCHON EINMAL EIN TIER GERETTET UND WAS FÜR EINS?

Oder

TAUSCHE EIN KLEIDUNGSSTÜCK MIT DER MITSPIELERIN LINKS NEBEN DIR.

WAS HÄLTST DU VOR DEINER MUTTER GEHEIM?

Oder

BEENDE DIE NÄCHSTEN FÜNF SÄTZE, DIE DU SAGST, MIT DEM WORT „LIEBEND GERNE“.

Oder

WELCHES GEHEIMNIS HAST DU VOR DEINEM VATER?

SCHREIBE EIN FÜNFZEILIGES LIEBESGEDICHT UND LESE ES VOR.

Oder

GIBT ES EINE PERSON, DER DU ALLE DEINE GEHEIMNISSE ANVERTRAUST?

ZEIGE DEN MITSPIELERINNEN, WAS DU IN DEINEM PORTEMONNAIE HAST.

WIE OFT HAST DU SCHON DEN SCHULSPORT GESCHWÄNZT?

Oder

SINGE, WAS DU AM VORTAG ABENDS GEGESSEN HAST.

WAS FÜR AUSREDEN BENUTZT DU, WENN DU DEN SCHULSPORT SCHWÄNZT?

Oder

MACHE EINEN LEHRER NACH UND LASS DIE ANDEREN RATEN, UM WEN ES SICH HANDELT.

WAS MÖCHTEST DU GERNE ÄNDERN AUF DER WELT?

Oder

FRAGE ZWEI DEINER MITSPIELERINNEN, WAS SIE GERNE AUF DER WELT VERÄNDERN MÖCHTEN?

IN WELCHEM FILM MÖCHTEST DU GERNE MITSPIELEN UND WEN MÖCHTEST DU DARSTELLEN?

Oder

MACH EIN GRIMASSEN-SELFIE VON DIR UND SCHICKE ES AN DEN ERSTEN JUNGEN DEINER WHATSAPP KONTAKTE.

HAST DU DEINEN ELTERN ODER FREUNDEN SCHON EINMAL ETWAS VORGESPIELT?

Oder

SCHWINGE FÜNF MINUTEN EINEN IMAGINÄREN HULA-HOOP-REIFEN.

BIST DU ZUFRIEDEN MIT DEINEN SCHULLEISTUNGEN ODER MÖCHTEST DU GERNE BESSER SEIN?

Oder

ÖFFNE EINE PACKUNG MIT SÜßIGKEITEN ODER CHIPS, OHNE DEINE HÄNDE ZU BENUTZEN.

WELCHES SCHULFACH MAGST DU ÜBERHAUPT NICHT?

Oder

LERNE EINE STUNDE FÜR EIN SCHULFACH, DAS DU NICHT MAGST UND BETEILIGE DICH MINDESTENS ZWEIMAL IN DER NÄCHSTEN SCHULSTUNDE AM UNTERRICHT.

WELCHES WILDE TIER MÖCHTEST DU GERNE EINMAL STREICHELN UND WARUM?

Oder

ZEICHNE DAS TIER, DAS DU AM LIEBSTEN WÄRST. DEINE MITSPIELERINNE N MÜSSEN RATEN, WELCHES ES IST.

HAST DU SCHON EINMAL HEIMLICH GELD AUS DEM PORTEMONNAIE DEINER MUTTER ODER DEINES VATERS GENOMMEN?

Oder

RUFE DIE ZULETZT GEWÄHLTE NUMMER AUF DEINEM HANDY AN UND SINGE DEN ANFANG EINES LIEDES/.

WAS NERVT DICH AN DEINEM BRUDER/BESTEN FREUND?

Oder

IMITIERE EIN TIER, OHNE EINEN LAUT VON DIR ZU GEBEN.

WAS NERVT DICH AN DEINER SCHWESTER/ COUSINE?

Oder

VERSCHENKE ETWAS, WAS DIR WICHTIG IST, AN EINE MITSPIELERIN.

WORÜBER STREITEST DU OFT MIT DEINEM VATER?

Oder

HOLE ETWAS AUS DEINEM ZIMMER UND VERKAUFE ES AN EINE MITSPIELERIN.

Oder

HATTEST DU ANGST ALS DU ZUM ERSTEN MAL ALLEINE ZUR SCHULE WARST?

TANZE ZU EINEM SONG, DEN DIE MITSPIELERIN RECHTS NEBEN DIR AUSSUCHT.

Oder

BIST DU GERNE IN DEN KINDERGARTEN GEGANGEN?

VERHALTE DICH WIE EIN BABY, MACHE ES NACH.

WELCHE SCHIMPFWÖRTER HAST DU SCHON ZU DEINER MUTTER GESAGT?

Oder

KLATSCHE EINEN SONG MIT DEINEN HÄNDEN UND LASS DIE ANDEREN RATEN, UM WELCHEN ES SICH HANDELT.

WELCHE SCHIMPFWÖR TER HAST DU SCHON ZU DEINEM VATER GESAGT?

Oder

RAPPE EIN PAAR ZEILEN, DIE DU DIR SELBER AUSDENKST.

BIST DU SCHON EINMAL GEHÄNSELT WORDEN UND WESWEGEN?

Oder

VERHALTE DICH FÜNF MINUTEN LANG WIE EIN HAUSTIER DEINER WAHL.

HAST DU SCHON EINMAL SCHLÄGE BEKOMMEN, WEIL DU ETWAS FALSCH GEMACHT HAST?

Oder

ERZÄHLE EINE GESCHICHTE, DIE DIR PEINLICH WAR.

SCHIMPFEN DEINE ELTERN OFT MIT DIR ODER BESTRAFEN DICH UND WIE?

Oder

SAGE EINEN SATZ AUS DEINEM LIEBLINGSFILM UND LASS DIE ANDEREN RATEN, UM WELCHEN ES GEHT.

WIE NENNEN DICH DEINE ELTERN, WENN DU ETWAS AUSGEFRESSEN HAST?

Oder

REDE DIE NÄCHSTEN FÜNF MINUTEN MIT EINEM FRANZÖSISCHEN AKZENT.

Oder

WELCHEN KOSENAMEN HÄTTEST DU GERNE?

MACHE EINE DER MITSPIELERIN NACH UND LASS DIE ANDEREN RATEN, WELCHE GEMEINT IST.

Oder

WIE SOLL DICH DER JUNGE NENNEN, IN DEN DU (IRGENDWANN) VERLIEBT BIST?

FLIRTE MIT EINER MITSPIELERIN ALS OB SIE EIN JUNGE WÄRE.

WÜRDEST DU GERNE EINEN ANDEREN NAMEN HABEN? WENN JA, WELCHEN?

Oder

DEMONSTRIERE DEN MITSPIELERINNEN, WIE EIN ZUNGENKUSS FUNKTIONIERT.

WIE LAUTET DER VORNAME DEINER MUTTER UND MAGST DU IHN?

Oder

LAUFE ZWEIMAL MINDESTENS 10 SCHRITTE HIN UND HER WIE EIN MODEL.

WIE LAUTET DER VORNAME DEINES VATERS UND MAGST DU IHN?

Oder

SUCHE EIN PEINLICHES FOTO VON DIR AUF DEM HANDY UND ZEIGE ES ALLEN.

WÜRDEST DU EINEM OBDACHLOSEN GELD GEBEN?

Oder

NENNE DREI BEKANNTE SPRÜCHE WIE „REDEN IST GOLD, SCHWEIGEN IST SILBER“.

Oder

FÜRCHTEST DU DICH IM DUNKELN?

REDE EINE MINUTE LANG IN EINER SELBST AUSGEDACHTEN SPRACHE.

Oder

TRÄGST DU LIEBER EINEN BIKINI ODER EINEN BADEANZUG UND WARUM?

MACHE EINE MINUTE LANG EINEN BEKANNTEN SCHAUSPIELER NACH?

WORIN FÜHLST DU DICH WOHLER, WENN DU EINEN ROCK ODER EINE HOSE ANHAST?

Oder

SAGE EINE MINUTE ALLES, WAS DU GERADE DENKST.

HAST DU DEINER MUTTER SCHON EINMAL EINEN STREICH GESPIELT?

Oder

HALTE EINE KURZE REDE ÜBER DEIN LIEBLINGSESSEN.

Oder

HAST DU DEINEM VATER SCHON EINMAL EINEN STREICH GESPIELT?

KLEMME DIR EINEN KORKEN AUFRECHT ZWISCHEN DIE ZÄHNE UND REDE EINE MINUTE.

Oder

HAST DU EINEM LEHRER SCHON EINMAL EINEN STREICH GESPIELT?

SCHREIBE EINEN FÜNFZEILIGEN SONG UND SINGE IHN VOR.

Oder

WÜRDEST DU GERNE KLASSENBESTE SEIN?

STECKE DREI MINUTEN DEINE ZUNGE RAUS, WÄHREND IHR WEITERSPIELT.

Oder

WIE LAUTET DEINE LIEBLINGSZAHL UND WARUM IST SIE ES?

LESE DIE LETZTE WHATSAPP NACHRICHT VON DEINER FREUNDIN VOR.

KANNST DU SCHWIMMEN?

Oder

GRINSE DREI MINUTEN LANG.

WAS STELLST DU DIR UNTER ROMANTIK VOR?

Oder

NENNE DREI SITUATIONEN, DIE DU BESONDERS ROMANTISCH FINDEST.

WIE ALT MÖCHTEST DU SEIN/WARST DU, WENN/ALS DU DAS ERSTE MAL MIT EINEM JUNGEN SCHLÄFST/GESC HLAFEN HAST?

Oder

ERZÄHLE, WAS SICH IN DER ERSTEN LIEBESSZENE ABSPIELTE, DIE DU IN EINEM FILM GESEHEN HAST.

WAS DENKST DU ÜBER LIEBESSZENEN IN EINEM FILM – PEINLICH ODER INTERESSANT?

Oder

BESTREICHE EIN STÜCK KUCHEN MIT SENF UND ISS ES.

HAT DICH SCHON EINMAL EIN FREMDER MANN ANGESPROCHEN UND WENN JA, WAS WOLLTE ER?

Oder

FÜHRE DREI ABWEHRTECHNIKEN VOR, DIE DU ANWENDEN WÜRDEST, WENN DU ANGEGRIFFEN WIRST.

WER HAT DICH AUFGEKLÄRT, WANN UND WIE?

Oder

NENNE EINEN SATZ, DEN DU GEHÖRT HAST UND DER DIR PEINLICH WAR, ALS DU AUFGEKLÄRT WURDEST.

Oder

BIST DU SCHON EINMAL VON EINEM JUNGEN ODER MEHREREN BELÄSTIGT WORDEN?

ZERKLEINERE EINE ZWIEBEL UND ISS EINEN TEELÖFFEL VOLL DAVON.

Oder

WIE VERHÄLTST DU DICH, WENN DU VON JEMANDEN BELÄSTIGT WIRST?

REIBE DIR DEINE HÄNDE MIT EINER KNOBLAUCHZEH
E EIN UND WASCHE SIE ERST NACH EINER STUNDE.

BESITZT DU EIN
AUFKLÄRUNGSBU
CH UND WOHER
HAST DU ES?

Oder

BESORGE DIR EIN
KOPFTUCH UND
BINDE ES UM
DEINEN KOPF,
SODASS KEINE
HAARE MEHR
ZU SEHEN SIND. DU
DARFST ES ERST
NACH EINER
HALBEN STUNDE
ABNEHMEN.

WIE IST DIE
FARBE DEINER
UNTERWÄSCHE?

Oder

ZEIGE DEN
MITSPIELERINNE
N, WELCHE
FARBE DEINE
UNTERWÄSCHE
HAT.

WARUM SCHMINKST DU DICH ODER WÜRDEST DICH GERNE SCHMINKEN?

Oder

STELLE FÜR ZWEI STUNDEN EIN PEINLICHES FOTO BEI WHATSAPP EIN.

WARUM HAST DU EIN TATTOO ODER PIERCING ODER MÖCHTEST DU DIR EINS STECHEN LASSEN?

Oder

SINGE EINEN SONG DEINER WAHL WIE EINE OPERNSÄNGERIN.

WORAUF GUCKST DU BEI EINEM JUNGEN ZUERST UND WAS IST DIR AM WICHTIGSTEN?

Oder

PFEIFE SO LANGE EINEN BEKANNTEN SONG, BIS IHN EINE DER MITSPIELERINNEN ERKENNT.

TRÄGST DU LIEBER ENGANLIEGENDE ODER WEITE KLAMOTTEN?

Oder

ZEICHNE EINE SZENE AUS DEINEM LIEBLINGSFILM. DIE MITSPIELERINNEN MÜSSEN RATEN, UM WELCHEN FILM ES SICH HANDELT.

WÜRDEST DU BEI EINER MISS-WAHL IN EINEM BIKINI TEILNEHMEN UND WARUM ODER WARUM NICHT?

Oder

ERZÄHLE DEN MITSPIELERINNEN, IN WELCHEN BEIDEN FÄCHERN DU IM LETZTEN ZEUGNIS DIE SCHLECHTESTEN ZENSUREN HATTEST UND WELCHE.

HAST DU SCHON EINMAL DEN SCHULUNTERRICHT GESCHWÄNZT, UM EINE KLASSENARBEIT NICHT MITZUSCHREIBEN?

Oder

DU MUSST DIESELBE PFLICHT ERFÜLLEN, DIE VON DER NÄCHSTEN MITSPIELERIN GEWÄHLT WIRD.

HAST DU SCHON EINMAL DIE UNTERSCHRIFT DEINER ELTERN AUF EINER KLASSENARBEIT GEFÄLSCHT?

Oder

DU BIST EINE INFLUENCERIN UND WILLST DIE MITSPIELERINNEN DAVON ZU ÜBERZEUGEN, DASS SIE ZU HAUSE MÜLLTRENNUNG PRAKTIZIEREN.

TUST DU ETWAS GUTES FÜR DEN UMWELTSCHUTZ UND WENN JA WAS?

Oder

NENNE DREI NEGATIVE FOLGEN DES KLIMAWANDELS UND SCHLAGE MAẞNAHMEN DAGEGEN VOR.

218. SCHAUST DU IM KINO GERNE HORRORFILME UND WENN JA, MIT WEM UND WARUM?

Oder

BESCHREIBE EINE SCHRECKLICHE SZENE AUS EINEM HORRORFILM ODER ETWAS FURCHTBARES, WAS DU SELBER SCHON ERLEBT HAST.

Impressum

1. Auflage

Kontakt:
Marvin Janzen
Müritzstraße 56
51371 Leverkusen

Printed in Poland
by Amazon Fulfillment
Poland Sp. z o.o., Wrocław

94269569R00065